AF295983

David MARTIN

NÉCROLOGIE

Benjamin TOURNIER

GAP

Louis JEAN & PEYROT, Imprimeurs-Éditeurs

1906

David MARTIN

NÉCROLOGIE

Benjamin TOURNIER

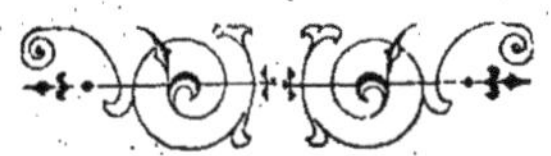

GAP

Louis JEAN & PEYROT, IMPRIMEURS-ÉDITEURS

1906

M. Benjamin TOURNIER

NÉCROLOGIE

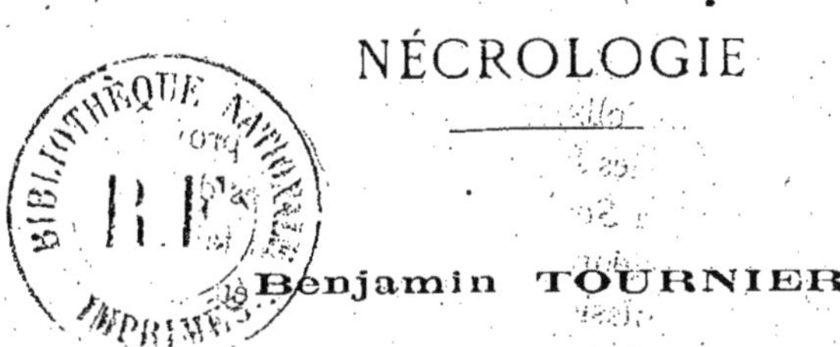

Benjamin TOURNIER

Le 8 novembre 1904 s'éteignait au Guiard, près d'Oran, un de nos plus distingués confrères, M. Benjamin Tournier, membre fondateur de la Société d'Etudes des Hautes-Alpes depuis le 8 septembre 1883.

B. Tournier n'était pas un inconnu pour nos Alpes ; il avait exercé avec distinction le ministère pastoral à Saint-Laurent-du-Cros de 1856 à 1865.

Nous devons à l'obligeance de M. de Schaeck, son neveu, les renseignements suivants sur cet homme de bien.

« Benjamin Tournier, né le 20 janvier 1820 à Saint-Félix
« de Sorgues (Aveyron), étudia la théologie à la Faculté de
« Montauban et débuta dans le ministère pastoral en fai-
« sant plusieurs suffragances, principalement en Suisse.
« Nommé pasteur à Saint-Laurent-du-Cros, il remplit ces
« fonctions à Saint-Laurent même, pendant bien des
« années.

« Il se retira ensuite à Pressy-Vendeuvre où sans avoir
« de charge régulière d'église, il collabora souvent à des
« œuvres d'évangélisation et de bienfaisance tout en s'oc-
« cupant avec zèle de recherches et d'études d'archéologie.
« Il travailla beaucoup le dessin à la plume dans le do-
« maine du pittoresque surtout, s'intéressant à toute la
« nature en fervent des sociétés protectrices d'animaux,
« qu'il dirigea à Genève.

« A partir de 1890, il n'habita presque plus Genève et
« donna ses soins les plus dévoués à la colonie d'Algérie

4

« Aïn-Tolba (Guiard) dans la province d'Oran, où il ins-
« talla les familles protestantes des Hautes-Alpes, auxquel-
« les la *Société Coligny* avait fait obtenir des concessions ;
« plusieurs de ces familles étaient même de ses anciens
« paroissiens.
« C'est au Guiard que Benjamin Tournier finit sa car-
« rière si admirablement remplie à l'âge de 78 ans ».

De son côté, M. E. Marchand, pasteur en retraite, son
ami et son successeur à la présidence du consistoire d'Orpierre, nous envoie les détails suivants qui nous montrent
bien Tournier dans le cadre de ses œuvres :

« M. Tournier acheva ses études de théologie à Genève
« où il épousa une jeune fille distinguée et de grande
« aisance.
« Il débuta dans les fonctions pastorales à Grenoble en
« qualité de suffragant du pasteur Fermand. De là il fut
« nommé à Saint-Laurent-du-Cros le 29 mai 1856 et devint
« président du Consistoire d'Orpierre le 30 janvier 1862.
« S'étant démis de ses fonctions le 26 janvier 1865, il se
« retira à Pressy où il se reposa quelques années sans
« oublier jamais les Alpes où il aimait à venir toutes les
« années.
« M. Tournier s'était épris des beautés de nos montagnes
« et s'était voué aux besoins de nos églises disséminées ; il
« améliora son presbytère de Saint-Laurent ; et, avec les
« ressources qu'il avait su se procurer, en fit bâtir un à
« Pierregrosse en Queyras de 1860 à 1862. Mais c'est sur-
« tout à la vallée de Freyssinières qu'il se donna entière-
« ment. Convaincu qu'un grand nombre d'habitants de ce
« pays déshérité, surtout ceux de Dormillouse, ne pour-
« raient plus y vivre, il contribua largement à l'installation
« d'une douzaine de familles aux Trois-Marabouts près
« d'Oran. Il alla lui-même en 1890, les diriger et leur ser-
« vir de pasteur.
« M. Tournier était aussi instruit que modeste. Il a par-
« couru dans tous les sens notre département comme alpi-

« niste, archéologue, géologue, etc., et la riche collection
« qu'il nous a laissée prouve combien il avait su mettre à
« profit ses nombreuses excursions.

« Mais ce qui distinguait surtout M. Tournier, c'était
« son grand cœur, son inépuisable charité. Par suite de
« son excessive bonté, il se laissait parfois entraîner à sou-
« tenir tout ce qu'on lui présentait comme digne d'intérêt ;
« aussi a-t-il été souvent dupe de son bon cœur.

« Quoi qu'il en soit, on peut dire de lui qu'il a traversé
« la vie en y faisant le bien ».

Venu du centre de la France, Tournier fut vivement
épris de l'aspect grandiose des Alpes ; aussi il devint un
fervent de la montagne et un des premiers apôtres de l'alpinisme.

Il explora nos régions jusqu'aux vallées les plus reculées,
franchit les cols et escalada les hautes cimes pour avoir
une vue d'ensemble. En ce faisant, il entretenait un jour-
nal de voyages d'où sont sorties des pages exquises. Tournier s'est en effet montré un maître dans son *Ascension de
Rochebrune* ; dans *Coup d'œil sur les Alpes du Dauphiné*,
ou dans *En Vallouise il y a cinquante ans*. Observateur
toujours en éveil, il sait saisir au vol l'imprévu, la grâce, la
misère ou l'originalité des mille détails de la vie et du
paysage alpestre. Avec quelle délicatesse de touche il parle
de nos montagnes, des choses et des êtres qui leur appar-
tiennent et qu'elles ont pour ainsi dire façonnées à leur
image. Tournier excelle à saisir et à exprimer leurs carac-
tères et leurs contrastes, à peindre d'un mot un aspect, une
situation, à exprimer d'une manière saisissante et toujours
vraie une impression.

C'est que, chez lui l'écrivain était doublé d'un artiste.
Ses descriptions, ses comptes-rendus d'ascensions étaient
accompagnés de croquis à la plume d'une exactitude et
d'une vérité qui les rend parfois précieux pour la science.

Ainsi, seuls les croquis de Tournier nous ont conservé
l'aspect que présentait, en 1855, la confluence, sur le Pré-

6

de-Madame-Carle, du glacier Blanc et du glacier Noir, aujourd'hui retirés à deux kilomètres l'un de l'autre.

Dans le même ordre d'idées, deux croquis de cet auteur, publiés dans l'annuaire du C. A. F. (1875), donnent également l'aspect que nous présentait entre 1850 et 1860 le glacier du Vallon qui dressait, à droite de l'Olan, sa pente continue de glace et qui, aujourd'hui, est tronçonnée sur tout son travers et d'une manière un peu oblique par deux escarpements de rocs à teinte sombre.

Ce sont là deux précieuses contributions fournies par Tournier à l'histoire de la glaciologie alpine.

Une seule fois Tournier semble subir l'impression des jambes lasses : il rentrait à Saint-Laurent au retour de son exploration au Pelvoux. Après avoir remonté l'interminable vallon de Bonvoisin et franchi l'Alp-Martin, il voit du haut du col de la Gavale, fuir, dans un sinueux et bas lointain, les vallées du Drac et de Gap : « C'est, dit-il, toujours l'Alpe grandiose et intéressante, mais de ce côté *c'est très long* et rien de particulièrement beau. »

Champoléon est au Pelvoux ce que sont les Pyrénées aux Alpes, plus intimes, plus mignonnes... Champoléon était alors un écran de glaciers en miniature. Quel dommage que Tournier n'ait pas alors fixé par un coup de crayon l'aspect, la position qu'avaient en 1855, ces unités glaciaires aujourd'hui éteintes : la Pierre, Crupillons, le Touton !

Mais pour Tournier, homme de foi et de devoir, l'alpinisme n'était qu'un agréable délassement et il consacrait le meilleur de son temps à son ministère et à des œuvres d'évangélisation et de bienfaisance ; c'était pour lui, pour sa délicatesse exquise, un besoin de soulager les misères et de procurer aux malheureux le nécessaire, et cela, toujours avec la plus grande discrétion. Et nous savons que lors de la guerre de 1870, nos malheureux soldats étaient accueillis à Pressy, dans la maison de Tournier, avec la plus affectueuse hospitalité.

Dans sa retraite, Tournier n'avait pas oublié les Hautes-Alpes, où il revenait souvent soit pour revoir des amis, soit pour réaliser quelque escalade ajournée, comme Roche-brune, la Maye, etc., soit surtout pour y continuer ses recherches préhistoriques.

A son dernier voyage, en octobre 1902, il vint encore nous voir. Nous parlâmes du passé, des amis disparus, de la montagne et de sa colection d'objets préhistoriques. Sa fine figure d'ascète s'animait aux évocations de ces vieux souvenirs, et surtout en parlant de ses études préférées relatives à la primitive histoire de l'homme et qui nous reportaient à près d'un demi-siècle en arrière. Car B. Tournier était arrivé dans les Alpes au moment où les découvertes de Boucher de Perthes commençaient à recevoir l'adhésion du monde savant et provoquaient dans les croyances régnantes une émotion extraordinaire, émotion mêlée de doutes, d'enthousiasmes, de controverses, qui gagnait rapidement les régions les plus reculées.

Vers cette époque (1860), la bibliothèque de l'érudit abbé Templier, aumônier de l'école normale, était un rendez-vous presque quotidien des nombreux gapençais qui cultivaient alors les sciences pour elles-mêmes. On y rencontrait fréquemment le Dr Eugène Blanc, le pasteur Benjamin Tournier, les géologues Rouy, Valentin, l'érudit Reynaud, les botanistes Gariaud, Burles, Borel, sans parler des savants étrangers de passage à Gap.

Dans ces réunions, ces amis érudits échangeaint leurs impressions, leurs manières de voir, se communiquaient leurs observations, leurs découvertes, leurs doutes, leurs trouvailles.

Et nous, en notre qualité de jeune parent de l'abbé, nous avions la bonne fortune de familiariser, comme à la dérobée, notre œil avec la nature, la forme des objets préhistoriques ou des fossiles et des plantes de la région; et notre oreille s'habituait au langage scientifique, tandis que notre esprit recevait l'heureuse impression exercée sur nous par les rapports de courtoise confraternité de ces hommes graves, désintéressés, au cœur élevé et à l'esprit libéral.

Benjamin Tournier le plus libre et le plus jeune de

ce groupe d'amis, mieux préparé aussi peut-être par ses connaissances spéciales, poussa, plus loin qu'eux, ses préoccupations et ses investigations ; et il organisa avec le concours de ses confrères et de personnes de bonne volonté, une sorte de service de renseignements dans les Hautes-Alpes. Et c'est ainsi qu'il put assister ou tout au moins s'intéresser aux découvertes archéologiques faites dans le pays et qu'il put recueillir un bon nombre d'objets précieux.

Il fit mieux encore ; il donna l'exemple des recherches personnelles et pratiqua lui-même des fouilles sur divers points et entre autres dans un *tumulus* qu'il avait découvert sur la croupe entre Ancelles et le hameau du Collet, sur les pentes Ouest de Faudon, ainsi qu'à Peyre-Haute, près de Guillestre et dans le val de Freyssinières, etc.

Pendant sa retraite il continue ses recherches dans les dolmens et tumuli de l'Aveyron, son pays natal, ainsi que dans les palafittes des lacs de la Suisse.

Cet homme érudit et méthodique ne se borne pas à collectionner des matériaux, il les classe, les coordonne et les fait connaître dans une étude d'un haut intérêt pour notre département et qui parut en 1878 dans la revue mensuelle des « Matériaux pour l'histoire primitive et naturelle de l'homme » qui se publiait à Toulouse. Elle avait pour titre :

« Essai d'un inventaire d'archéologie préhistorique du département des Hautes-Alpes ».

Dans ce travail il commence par déplorer au point de vue scientifique et patriotique l'absence de tout renseignement précis sur les trouvailles qui ont pu être faites, la destruction des monuments préhistoriques et la dispersion constante des objets trouvés qui seuls pouvaient nous apprendre quelque chose sur les premiers habitants du pays. Il y avait donc un réel intérêt à résumer ce qu'il connaît « de monuments vrais et de trouvailles authentiques concernant un département qui lui est devenu très cher quoiqu'il ne soit pas le sien ».

Il donne ensuite un aperçu surprenant de flair, d'intuition, de connaissances profondes relativement à la distribution sur le pays des traces des premiers habitants aux divers âges de l'humanité en indiquant, pour chacun d'eux, les monuments détruits, les rares qui peuvent survivre, l'époque, le lieu, la nature et la destination des rouvailles. Il décrit ensuite les objets qui sont en sa possession en complétant son travail par treize croquis à la plume d'une parfaite exactitude.

L'auteur termine son précieux mémoire par ces deux réflexions que nous nous faisons un devoir de reproduire :

« Ce n'est pas sans un vif sentiment de regret que l'on
« voit sortir du département des Hautes-Alpes presque
« tous les objets découverts sur son territoire...

« Enfin, est-il permis d'exprimer aussi le vœu que
« quelques-unes des pièces doubles, de celles surtout pro-
« venant des trouvailles considérables comme celles de
« Ribiers ou de Réallon, soient données à son Musée
« naissant par leurs heureux propriétaires ».

B. Tournier, qui a toujours prêché par la parole et 'exemple, s'est souvenu que les trouvailles archéologiques ne réunissent tout l'intérêt que dans le pays même où elles ont été faites. Aussi un an avant sa mort il eut le soin d'envoyer à la municipalité de Gap, par l'intermédiaire de es amis, M. Guillaume, archiviste départemental, et le Conservateur du Musée, l'acte de donation de la partie de sa collection archéologique provenant des Hautes-Alpes.

A cette collection que nous avons recueillie au nom de la ville de Gap, à Pressy-Vendeuvre, en novembre 1905, Madame veuve B. Tournier a bien voulu, suivant en cela les intentions de son cher défunt, ajouter un intéressant outillage provenant soit des palafittes de la Suisse, soit des dolmens de l'Aveyron qu'elle s'était aidée elle-même à explorer.

Nous remercions au nom de la Municipalité de Gap et du département des Hautes-Alpes, Mme Tournier, de ses libéralités et du bienveillant accueil qu'elle nous fit à Pressy ; et nous gardons à la mémoire du savant et aimable confrère et ami que fut Benjamin Tournier, la plus vive gratitude et un souvenir ému.

David MARTIN.

NOTE BIBLIOGRAPHIQUE

1874. Sur un usage particulier des outils en pierre polie chez les populations pastorales des Hautes-Alpes françaises. Extrait des *Bull. de la Soc. d'Anthrop. de Paris*, 3 p.

1875. Ascensions de Rochebrune. Extrait de l'*Annuaire du C. A. F.*, 2e vol., 1875, 19 p. avec 2 croquis à la pl.

1878. Essai d'un inventaire d'archéologie préhistorique du département des Hautes-Alpes. Extrait de la Revue . *Matériaux pour l'histoire primitive de l'Homme*, Toulouse, 18 p., avec 13 fig.

(?) *Coup d'œil général sur les Alpes du Dauphiné au point de vue pittoresque*, 14 p., 2 croquis.

1878 (?) Panorama du Pic de la Maye, in « La Bérarde », par H. Duhamel.

1888. Les Vaudois français et le Val de Freissinières. Extrait du *Club Alpin Français*, 1887.

1900. Quelques mots sur l'usage du tabac, *Courrier du Dimanche*, Alger, broch. in-8° 15 p.

1901. En Vallouise il y a cinquante ans. Extrait de l'*Ann. du C. A. F.*, 28e vol., 1901, 16 p., 2 croquis.

Extrait du Bulletin de la *Société d'Études*, 1" trimestre 1906, n° 17.

Gap. — Imprimerie L. JEAN & PEYROT, rue St-Arey.